PROCÈS

DE

L'ÉTOILE DE L'OUEST,

DEVANT

LA COUR D'ASSISES DE MAINE-ET-LOIRE.

Il faut tuer la révolution !

NIORT,

CONTE, IMPRIMEUR ET LITHOGRAPHE.

— 1850 —

PROCÈS

DE

L'ÉTOILE DE L'OUEST,

COUR D'ASSISES DE MAINE-ET-LOIRE.

Présidence de M. Legentil.

Audience du 5 Août 1850.

L'*Etoile de l'Ouest* était saisie, le 10 décembre 1849, pour un article portant ce titre : IL FAUT TUER LA RÉVOTION. Le 5 août dernier seulement M. Amaury de Liniers, auteur de l'article, rédacteur-gérant du journal, comparaissait devant la cour d'assises de Maine-et-Loire, sous la prévention d'*attaques à la constitution et aux institutions républicaines.*

Dans l'intervalle, un jugement par défaut était intervenu, l'absence du défenseur de l'*Etoile* ayant forcé son rédacteur à refuser le débat : aujourd'hui l'affaire revient par suite de l'opposition formée à l'arrêt de la cour d'assises du mois de mai dernier.

Le rédacteur de l'*Etoile de l'Ouest*, M. Amaury de Liniers, prend place à la barre : son frère, officier de cavalerie, s'assied près de lui.

M. Métivier, 1ᵉʳ avocat-général, occupe le siège du ministère public.

Mᵉ Coquebert, jeune avocat du barreau de Nantes, assiste le prévenu.

Lecture faite par le greffier de la cour des pièces du procès , M. l'avocat-général soutient la prévention , et commence son réquisitoire par la lecture de l'article :

Il faut tuer la Révolution.

Cette parole que nous jettions l'autre jour à nos ennemis comme un solennel défi, cette parole qui nous a déjà valu bien des colères, nous l'arborons aujourd'hui comme la devise inscrite sur notre drapeau, nous l'acceptons comme le cri de ralliement, et nous posant avec nos allures, avec nos principes et notre foi, en présence du géant révolutionnaire, nous osons lui dire : A nous deux!

A nous deux! légitimité et socialisme! A nous deux! vérité et négation! A nous deux! foi et athéisme! A nous deux enfin! principe et force brutale!

Ceci est un combat sans trève , sans relâche, sans merci. Mort ou vie, rouge ou blanc! Pas de milieu!

Que les faibles , les indécis , les traînards assistent comme spectateurs de la lutte: ils seront toujours à temps de se ranger du côté des vainqueurs. Nous ne voulons dans nos rangs que les cœurs éprouvés, que les vrais croyans, que les guerriers revêtus de la cuirasse divine, marqués du sceau de la foi: *Induti loricam fidei !*

Il ne s'agit plus ici du nombre ni de l'habileté: L'homme a disparu. L'idée seule est restée debout, dépouillée de ses entraves , dans toute sa force, dans toute sa puissance: l'idée combat l'idée: arrière donc ceux qui n'en ont pas!

Et maintenant que les conditions de la lutte sont posées , maintenant que le champ est ouvert , que chaque ennemi lève la visière de son casque, qu'il se fasse connaître: pour nous : voici qui nous sommes :

LÉGITIMISTES !

Nos couleurs sont blanches, nous sommes les défenseurs du vieux monde, sa croyance est notre, notre symbole est sien : *Dieu et Patrie.*

Nous sommes encore les hommes de l'avenir, c'est-à-dire du

progrès : l'avenir est lié au passé, le progrès, c'est l'œuvre du lendemain ; elle dépend de celle d'hier et de celle d'aujourd'hui.

Et nous disons :

La nation française a consacré l'hérédité du pouvoir ; elle a voulu que son gouvernement fut monarchique, et elle a délégué sa souveraineté à titre héréditaire à la famille des Bourbons. Voilà le principe.

Trois révolutions successives n'ont pu l'infirmer, il est immuable. Qui dit révolution, dit usurpation : Oui, usurpation sur les droits de la nation par une fraction du peuple. Le droit ne sort pas de l'émeute, des barricades, de la force brutale : il est ailleurs, il est tout entier en dehors de la révolution.

La révolution, c'est la révolte contre le principe, contre le droit du peuple qui l'a choisi comme une arche sainte.

Vous parlez de république, de démocratie, de peuple ! les mots sont inutiles quand ils sont vides de sens. Assez de bruit ! Des faits. Où sont vos titres, où sont vos droits ? Montrez-nous l'acte de naissance de votre gouvernement : il y a du sang sur la marge, il est fils de l'émeute ! nous ne le reconnaissons pas.

Non ! car l'insurrection est un crime, un crime de lèse-nation, et tout pouvoir qui a une telle origine, est un attentat à la justice éternelle et aux droits du peuple français !

Qu'avez-vous à répondre ? ou plutôt qu'avez-vous opposé jusqu'ici à l'évidence et à l'écrasante logique des principes ?

Des injures ! puis des injures ! toujours des injures !

Mauvaises raisons ! le peuple, que vous invoquez sans cesse, ne se paie pas de cette monnaie et nous pensons comme lui !

Pour nous comme pour tous, il est une preuve irrécusable de votre faiblesse, c'est votre refus d'en appeler à la France. Avouez que vous êtes de singuliers républicains, d'étranges amis de la *chose publique ?* Vous dites que le peuple est souverain, et vous refusez de vous en rapporter à sa décision. C'est donc un encens grossier que vous faites fûmer en l'honneur de ce *quasi-Dieu*, un encens somnifère, qui vous permette de l'enchaîner à l'aide d'un tel narcotique.

Pauvres logiciens !

Nous nous trompons : c'est habiles logiciens qu'il faut dire, car vous déduisez du principe révolutionnaire, qui est la négation de la souveraineté nationale, des conséquences rigoureuses, inattaquables sous le régime qui nous est fait.

— 4 —

Aussi, ce n'est pas l'application du principe que nous taxons d'erronée, ce ne sont pas les conséquences que nous déclarons absurdes, c'est le principe lui-même que nous attaquons, c'est le droit à l'insurrection que nous combattons, c'est la révolution que nous voulons tuer à son origine.

Nous avons parlé de votre faiblesse : le mot est juste au point de vue de la logique et dans la sphère des idées. Au point de vue politique, c'est *force* qui est l'attribut de votre parti. Pourquoi ? Parce que le terrain de la politique actuelle est révolutionnaire, parce que la situation est fausse, et que vous êtes le dernier mot de février 1848.

Voilà ce qui fait votre force ; force toute matérielle, toute brutale ; force qui renverse et qui précipite !

Heureusement, la France est là qui vous barre le passage : un principe vous arrête, un mot vous terrasse, et ce principe, et ce mot : LÉGITIMITÉ.

AMAURY DE LINIERS.

M. l'avocat-général reconnaît volontiers que cet article renferme de grandes vérités, d'éternels principes ; que le journal poursuivi a rendu de courageux services à la cause de l'ordre ; que M. Amaury de Liniers a des intentions droites et consciencieuses ; mais la jeunesse, sans doute, et l'ardeur de la lutte l'ont emporté au-delà du but, et l'ont entraîné jusqu'à des attaques envers la constitution et les institutions républicaines.

Ce qu'il reproche à M. Amaury de Liniers, c'est la violence du langage, c'est l'exagération, ce sont enfin ces mots : *Rouge ou blanc, pas de milieu.*

Suivant M. l'avocat-général, le *milieu*, c'est la France, qui revendique les conquêtes révolutionnaires tout en repoussant les excès de la révolution, qui ne veut ni des fanatiques du passé ni des sophistes de l'avenir, ni de la royauté absolue ni du socialisme.

La question, pour M. l'avocat-général, d'accord en cela avec un orateur illustre, la question n'est pas de *maudire la révolution, mais de la diriger.* Oui, de la diriger dans ce qu'elle a de bien, de beau, de généreux.

Les efforts de tous les hommes d'ordre doivent tendre vers ce but : leurs mains doivent s'entrelacer pour arrêter le torrent qui renverse, mais qui féconde.

A ce point de vue, M. Amaury de Liniers est coupable d'être venu renier les bienfaits de la révolution, coupable d'avoir jeté des haines contre la révolution, coupable enfin de n'avoir pas cherché la *dissolution des partis*, comme le demande Donoso Cortès, sur le terrain révolutionnaire, comme l'entend M. l'avocat-général.

C'est donc au nom du respect dû à la loi, respect atteint par *l'appel à la violence* que contient l'article, au nom des sentimens de modération et de réconciliation générale, compromis par le langage véhément et exagéré de M. de Liniers que M. l'avocat-général conclut à la condamnation du journal.

Me Coquebert se lève et s'exprime en ces termes :

« MM. de la Cour, MM. les jurés,

« Inconnu de vous, n'ayant ni l'autorité du talent ni l'entraînement de la parole, j'ai dû accepter la défense de M. de Liniers au nom sacré de l'amitié.

« Je ne me plaindrai pas de l'arrêt qui nous renvoie devant vous, ni d'être distrait de nos juges naturels. Pour ne pas parler devant des hommes qui lisent chaque jour la polémique courageuse de M. de Liniers, c'est néanmoins avec une pleine confiance que je sollicite de votre justice un acquittement en sa faveur.

« Peut-être n'êtes-vous pas assez éloignés du département des Deux-Sèvres pour que M. de Liniers ne vous soit point inconnu. Vous savez dès lors que le rédacteur de l'*Étoile*, et le ministère public nous rend cette justice, est un soldat courageux du parti de l'ordre ; vous savez qu'il est monté sur la brèche au moment du danger, qu'il y a planté résolument son drapeau, et qu'à l'heure où son frère servait la France de son épée, il a voulu la servir de sa plume.

« Oui, MM. les jurés, c'est en face du danger, c'est en face des malheurs qui menaçaient notre chère patrie, que M. de Liniers n'a pas craint d'arborer franchement ses couleurs, et d'envelopper sa double foi dans cet immortel symbole : *Dieu et patrie !*

« Ces deux mots vous disent assez quel est M. de Liniers : ils résument ses convictions, ses affections, ses espérances, ils sont sa devise à lui, et à ce titre il les a gravés en tête de son journal. Noble et grande pensée qui m'explique assez les injures que lui adresse chaque jour le parti de la démagogie et les sympathies dont l'entourent les hommes de conviction. Ces sympathies, vous les partagerez, MM. les jurés, et désormais confiant dans votre adhésion chaleureuse, j'arrive au fond même de ce procès.

« Et d'abord, qu'il me soit permis de tracer l'historique de cette affaire : l'article est du 25 novembre, la saisie porte la date du 10 décembre. Pourquoi ce long espace de temps entre le jour de la publication et celui de la saisie ? Le journal le *Dix Décembre* pourrait nous en donner l'énigme. Si nous ouvrons, en effet, le numéro du 11 décembre 1849 de cette feuille officielle ou semi-officielle du pouvoir, nous y trouvons l'article que l'on poursuit aujourd'hui reproduit en entier et dénoncé à la vindicte publique et au zèle du parquet.

« Il faut tout dire, MM. les jurés, en taisant le nom : l'un des adversaires politiques de l'*Etoile* était alors l'un des rédacteurs du *Dix Décembre* et avait dû l'échec d'une candidature bien chère au journal que je défends. Ne pourrions-nous pas, ne devons-nous pas voir dans cette affaire une vengeance politique, appuyée sur une complaisance ministérielle ? ce fait nous paraît démontré.

« Donc, nous sommes saisis d'après l'ordre du ministre sur une dénonciation : mais la cour de Poitiers qui juge dans le silence de la justice, en dehors des passions et des intérêts, la cour de Poitiers, après avoir examiné l'article, déclare qu'à ses yeux il n'y a point lieu de poursuivre. Vous savez le reste.

« Nous tenions à vous dire, MM. les jurés, que ce procès était préjugé, et que la cour de Poitiers statuant sur le fond comme sur la forme, n'avait rien trouvé dans l'article qui pût porter atteinte à la *constitution et aux institutions républicaines.*

« Et maintenant, quelques mots sur la loi du 11 août 1848, sur la disposition de cette loi que le ministère public prétend nous appliquer. Cette loi, MM. les jurés, fut votée, après les néfastes journées de juin, à une époque de deuil et de larmes, pour la défense de l'assemblée nationale, pour la défense de la famille et de la propriété, nullement pour la défense de la république. Tant il paraissait naturel que le principe républicain fut discuté ! Qu'est-ce donc en effet que la république ? Mais c'est la souveraineté de l'opinion, mais c'est la discussion libre, mais c'est un état où toute minorité a le droit de devenir majorité par la propagande de ses idées. Chacun l'avait ainsi compris : M. Jules Favre et la montagne, ces défenseurs nés, ces pères de la république, furent seuls d'un autre avis, et voulurent consacrer le droit divin de la chose de février. Ils proposèrent d'insérer dans la loi ces mots : « *Attaques contre la constitution et les institutions républicaines.* »

« L'amendement fut adopté sans discussion : mais le citoyen Arnaud (de l'Arriège), je dis *citoyen,* parce que le *Moniteur* se servait de cette qualification, le *citoyen* Arnaud (de l'Arriège) prit le soin de demander une simple explication sur l'esprit et la portée de la proposition. Nous lisons au *Moniteur* de ce jour :

« Le cit. Arnaud (de l'Arriège) : Je demande si en punissant l'attaque contre le gouvernement républicain, contre les institutions républicaines, vous entendez proscrire le droit de discussion de ce principe (non, non) ; je voudrais qu'il fût bien

entendu ; cette distinction a été faite par l'auteur de l'amendement , et je crois indispensable de le rappeler ; je voudrais
qu'il fût bien entendu qu'on aura le *droit de discuter*, et que
le délit ne commencera qu'à l'attaque.

Le cit. J. Favre : C'est le langage de la loi !

Le cit. Arnaud : J'ai voulu le constater. »

« Ainsi, de l'aveu même des auteurs de la loi, il
sera permis de discuter le principe républicain : ce qui
constitue l'attaque, c'est le fait d'appel à la violence,
à la guerre civile, à l'insurrection. Eh ! bien ! MM. les
jurés, je le déclare hautement, *toute notre défense est*
là. Je demande que M. de Liniers soit condamné s'il a
fait appel à la force, s'il s'est retranché derrière la
violence, s'il a fait plus qu'user du droit de discussion ;
je demande que M. de Liniers soit condamné , s'il veut
autre chose qu'un APPEL A LA NATION.

« M. l'avocat-général se plaint de la violence de notre langage : il ignore dans quel milieu nous vivons,
et à quels adversaires nous avons à répondre. Car il
s'agit ici d'une polémique entre l'*Étoile de l'Ouest* et
l'organe du socialisme à Niort. Quand M. de Liniers
s'écrie qu'*il faut tuer la révolution* et que s'adressant
aux députés de la droite, il leur dit :

« Vous craignez de froisser la révolution , mais il FAUT LA
TUER. Vous ne voulez pas qu'on vous accuse de travailler ex-
clusivement au triomphe de votre cause ! Mais cette cause est
celle de la patrie, ce sont là les affaires du pays ; le triomphe
de la légitimité est le salut de la France , l'avez-vous oublié ?
Vos personnes, votre parti ne sont nullement en jeu, il s'agit
du pays et rien que du pays. »

« Quand M. de Liniers tient un langage aussi digne,
aussi courageux, ne soyons point étonnés que la feuille
rouge de Niort ne lui réponde que par des injures. Alors,
son indignation déborde, et prenant pour texte ces
mots brûlans pour le socialisme ; *il faut tuer la révo-*
lution, il développe cette grande pensée , il appelle

son adversaire en champ-clos, et avec une franchise, une fierté toute chevaleresque, il lève la visière de son casque, il proclame bien haut et le nom et la foi dont il s'honore.

« Qui pourrait en faire un reproche à M. de Liniers ? Qui n'applaudirait à son courage et à son dévouement?

« On a parlé d'appel à la force, on s'est efforcé de faire ressortir cet appel en isolant certains mots de l'article : mais, MM. les jurés, ce n'est pas ainsi qu'on apprécie la pensée d'un écrivain, ce n'est pas ainsi qu'on se montre juste, il faut voir l'ensemble des développemens, de la polémique.

« Non, M. de Liniers n'a pas fait appel à la force : il repousse la force, il n'en veut pas, et il déclare que tout gouvernement qui a une telle origine est à ses yeux une usurpation, un empiètement sur les droits du peuple.

« Et ce peuple, c'est pour M. de Liniers la nation tout entière ; assez longtemps ce mot fut le signal de toutes nos révolutions, assez longtemps les usurpateurs de la souveraineté nationale ont voulu donner le change à cet égard. M. de Liniers a droit de leur dire en parlant du peuple sans cesse invoqué :

« Est-il dans l'émeute? Non. Derrière les barricades ? Non. A la prise du trône et des bastilles ? Non. Où est-il donc ? Qu'on me montre sa main large et puissante, qu'on me signifie sa volonté libre et indépendante, qu'on me fasse voir le souverain : » (*Etoile de l'Ouest*, 29 novembre 1849.)

« Voilà la doctrine de M. de Liniers, doctrine éminemment nationale, conforme aux traditions de ce pays. Le droit ne sort pas de l'émeute, des barricades, de la révolution. Nous le disons avec une conviction profonde, nous pensons comme M. de Liniers. Depuis que la France ne se conduit plus que par les barricades, elle a perdu le gage de sa gloire et de sa prospérité.

Rappelez-vous plus tôt cette nuit, du 10 août, où des hordes barbares se ruaient sur le palais du roi, et en apprenaient le chemin aux soldats de l'émeute à venir.

« C'était le signal de la révolution, une ère de malheurs venait de s'ouvrir pour notre chère patrie. Cette ère, il faut la fermer, cette révolution, il faut la tuer : M. de Liniers le proclame avec tous les hommes nationaux, il appartenait au ministère public de lui en faire un crime.

« M. l'avocat-général, tout en déplorant les horreurs de la révolution, nous reproche de méconnaître ses bienfaits, et de repousser les conquêtes révolutionnaires.

« MM. les jurés, ce langage a lieu de nous étonner : non, il n'y a pas eu de conquêtes de la révolution, il n'y a eu que des crimes et des malheurs. Les immortels cahiers de 1789, écrits par la nation elle-même, contenaient en germe toutes les réformes ; la révolution qui suivit ne peut revendiquer pour elle que la terreur. Que nous parle-t-on de grandes conquêtes révolutionnaires, d'égalité civile, de suppression de priviléges ? Nous serons plus justes à l'égard de la révolution : nous lui rendrons ce qui lui appartient, elle n'a jamais produit que le 10 août, les massacres de septembre, les 50,000 têtes tombées sous la terreur, les confiscations et les milliards arrachés à la France épuisée. Voilà les conquêtes révolutionnaires.

« Je me trompe, MM. les jurés, ce n'est pas tout ce que nous devons à la révolution. La souveraineté nationale, indignement outragée en 93, devait encore recevoir d'autres atteintes du principe révolutionnaire dont on nous vantait l'excellence. Je veux parler de 1830 et de février 1848 : et ici, MM. les jurés, ce n'est pas dans l'*Etoile de l'Ouest* que je chercherai la confirmation de mes paroles, non. Un homme qui a pu juger les révolutions dont le témoignage ne saurait être suspoct en cette matière, M. de Lamartine, se chargera de vous apprendre comment on escamote la volonté nationale, comment on usurpe un trône, ne l'oublions pas, il s'agit de 1830, et c'est le *Conseiller du Peuple* qui se charge de répondre :

« J'arrive à votre gouvernement à vous ! Charles X, un roi vielli dans le préjugé de son infaillibitité royale, se trompe, il signe quelques restrictions à la liberté, quelques *ratures* à la charte : le peuple de Paris fermente et combat, la garde royale se retire dans son sang ; le roi revient sur sa faute, il nomme un ministère populaire, il abdique, il fait présenter au peuple son petit-fils innocent, son successeur naturel, son droit légitime et constitutionnel après lui. Vous vous rassemblez chez un parlementaire, ami d'une autre race ; vous dites : Il est trop tard ! Vous avez sous la main un fils, vous envoyez chercher un cousin du trône ; le feu continue, la république se présente dans la personne de Lafayette ; vous le bercez de paroles et vous l'étouffez à l'Hôtel-de-Ville en l'embrassant ; vous vous rassemblez, combien ? soixante-dix députés concertés d'avance, amis de la maison, rôles distribués ; vous chassez une dynastie de quatorze siècles, vous proscrivez viellesse, innocence malheur, droit, charte, hérédité, constitution, tout ! Vous nommez un roi au scrutin à moins de voix qu'il n'en faut dans un jury pour condamner un délit de rixe dans la rue ! Vous n'interrogez ni électeurs, ni peuple, ni capitale, ni nation, ni suffrage restreint, ni suffrage universel ; vous dites entre vous : La nation, c'est nous ! et cette nation tient dans une antichambre du Palais-Royal ? Voilà votre *pavois !* votre *champ de mai !* votre titre ! votre droit ! votre sainteté d'origine, à vous ! et vous osez parler de *surprise,* d'*escamotage,* d'origine subalterne et honteuse de la république !... Ah ! souvenez-vous donc d'hier ! »

« L'établisement de 1830, cet indigne escamotage, cette phase nouvelle de la révolution, devait périr par son principe anarchique. En 1848, l'usurpation monarchique fit place à la République : les barricades de juillet durent céder aux barricades de février. C'était logique.

« Le gouvernement provisoire, issu de la tourmente, se garda bien de renier la révolution : son premier acte fut de proclamer la République, sans le consentement de la nation ; sa politique de l'imposer au pays par la violence et la terreur. Des bulletins incendiaires apprirent à la France qu'elle devait s'incliner sans mot dire devant le bon vouloir des dictateurs de l'émeute.

« Des voix courageuses protestèrent : M. de Liniers s'est montré l'un de ces défenseurs des droits du peuple. Sa parole a été le cri de la conscience publique, il a dit tout haut ce que chacun pensait tout bas, que la révolution de février était une usurpation nouvelle, un attentat à la souveraineté nationale, un crime, un malheur public, et MM. les jurés, il nous est permis de le répéter avec lui, lors que le ministre de la justice, dont l'autorité ne sera pas constestée dans cette enceinte, a qualifié à la tribune cette révolution de *Catastrophe.*

« M. de Liniers, en proclamant cette grande vérité, n'a donc pas attaqué la constitution. Et comment l'eut-il attaqué ? il n'en parle même pas. Une seule chose le touche, le respect de la souveraineté nationale, et à ce titre, comme il le dit, il s'est montré meilleur républicain que les républicains eux-mêmes. Ce que veut M. de Liniers, ce qu'il demande, c'est un APPEL AU PEUPLE.

« Oui, nous demandons un *appel au peuple* pour permettre à la France de rentrer sans secousses, sans violences dans les conditions vraies de son gouvernement national : un *appel au peuple* pour clore l'ère des révolutions, et nous en avons la ferme conviction, nos vœux seront exaucés.

« Ces mots sauveurs, *appel au peuple,* proclamés d'abord par quelques hommes de talent et de courage, sont invoqués aujourd'hui comme la seule solution possible par tous les partis. Ouvrez les journaux de toute

nuance : vous y verrez une demande d'*appel au
peuple*.

« Je me résume, MM. les jurés : la pensée de M. de
Liniers est celle-ci : « *Il faut tuer le principe révolutionnaire,* » en appelant la décision de la majorité, en
invoquant la souveraineté nationale.

« Où est donc le délit?

Serait-il dans ce mot *légitimiste?* Non, nous avons
le droit de dire avec M. de Liniers : « Voici qui nous
sommes : LÉGITIMISTES. »

« Et d'ajouter :

« La nation française a consacré l'hérédité du pouvoir : elle a voulu que son gouvernement fut monarchique, et elle a délégué sa souveraineté à titre héréditaire à la famille des Bourbons. Voilà le principe. »

« Serait-il dans ce mot : *Pas de milieu !*

« Et, ne sait-on pas que le principe de la légitimité
est la conciliation de tous les partis, et que le principe
de la démocratie est la halte du socialisme en France.
Entre la légitimité et la démocratie, il ne saurait y
avoir de milieu. Vainement M. l'avocat-général s'est-il
efforcé de nous convaincre d'exagération, d'exclusi-
visme ; de créer un milieu révolutionnaire qui aurait le
partage de toutes les réformes : nous ne repoussons
personne, nous acceptons dans nos rangs tous les hommes de bonne volonté ; loin de nous opposer aux sages
réformes, nous soutenons que seuls avec la force de
notre principe nous pouvons les effectuer. L'*Etoile de
l'Ouest* est un journal de principes, mais c'est aussi un
journal de liberté : la légitimité est la mère de la liberté, c'est à son ombre que la liberté grandit et se
développe, c'est au souffle de la révolution qu'elle dé-
croît et s'anéantit : l'histoire est là pour l'attester.

« Ainsi tombent les accusations dirigées contre nous
par le ministère public.

« En finissant, MM. les jurés, permettez-moi de vous

faire observer que bien des poursuites en attaques ont été dirigées contre la presse, et qu'elles ont toujours été suivies d'acquittemens. Je ne puis résister au désir de faire passer sous vos yeux, entre mille, un fragment d'un article de l'*Ami du Peuple*, article poursuivi comme le nôtre pour attaque à la constitution et aux institutions républicaines. L'*Ami du Peuple* disait au sujet de la république, à la date du 11 septembre :

« Nous sommes de ceux qui protestent hautement contre l'avènement de la république, qui soutiennent à la face du pays que ce n'est encore là qu'une usurpation indigne, un escamotage infâme. Le gouvernement provisoire avait promis de consulter la France; il n'a consulté que lui-même. Il s'était engagé à poser enfin la main sur le cœur de la France; il l'a plongée dans ses goussets. Mais VOILA TOUT. »

« Le jury de la Seine a pensé comme l'*Ami du Peuple*, et l'a renvoyé de la plainte.

« Cette appréciation du jury est toute naturelle : MM. les jurés comprennent que la question est posée entre la république et la monarchie, et qu'il faut qu'elle soit discutée.

« Encore une citation : il s'agit d'un journal que vous connaissez tous, le *Journal de Maine-et-Loire*. A la date du 15 février 1849, il était poursuivi devant vous, toujours sous la même prévention, pour un article où nous retrouvons ce passage :

« La république, subie comme une nécessité fatale, ne compte plus que pour mémoire dans les entretiens de tout le monde. On l'enterre à grand bruit, et les plus déplorables oraisons funèbres lui sont prodiguées sans miséricorde. Il est impossible de se faire une idée d'une pareille chûte. Jamais plus de sifflets n'ont été administrés au malencontreux ouvrage de quelques dramaturges de bas étage, et personne ne se pique de faire l'aumône d'un regret à l'œuvre improvisée des héros de l'Hôtel-de-Ville. »

« Le journal de *Maine-et-Loire* fut acquitté. Vous

serez justes , MM. les jurés , pour le journaliste voisin comme vous l'avez été pour celui de Maine-et-Loire, car lui aussi il a le droit de cité parmi vous par l'indépendance de son langage et la fermeté de ses convictions. »

(La séance est suspendue pendant quelques minutes.)

M. Métivier, avocat-général, a la parole : Il soutient de nouveau que la révolution a produit de bons résultats pour la France, et que ses excès ne sauraient faire oublier ses conquêtes. C'est en vain que M. de Liniers se refuse à le reconnaître ; son exagération nuit à son parti. L'ancien monde, dont il se déclare le défenseur, est tombé pour ne plus se relever ; la France qu'il invoque pourrait bien répondre autre chose que *légitimité*. M. l'avocat-général persiste dans ses conclusions.

Mᵉ Coquebert :

« Oui, MM. les jurés, nous sommes les défenseurs de l'ancien monde ?

« Oui, comme nos pères, nous avons la foi ! A ce titre nous sommes fiers d'appartenir au vieux monde. Nous le disons hautement, et nous maintenons que l'avenir est lié étroitement aux traditions du passé.

« Le vieux monde ! nous ne sommes rien sans lui : gloires, libertés, progrès : tout lui appartient. Puisse l'avenir être digne de lui !

« MM. les jurés, on vous disait tout à l'heure que nous faisions fausse route, que nous égarions notre parti, que la France, fut-elle consultée, pourrait bien ne pas répondre : *Légitimité*.

« Que M. l'avocat général me permette de le lui dire : Je ne reconnais pas l'autorité de sa parole en cette matière.

« Oui, M. l'avocat général, il ne vous appartient pas de préjuger la décision de la France, il ne vous appartient pas d'interpréter à l'avance la manifestation de sa volonté.

« Oui, nous marchons vers une époque où la France sera consultée : où la grande nation, debout, en face

de la révolution, rejettera dans le néant les usurpateurs de tous les régimes, et marchera sans entraves
dans les voies glorieuses de l'avenir.

« La France sera consultée, et à ce jour, à cette
heure solennelle, je le dis avec M. de Liniers, en
toute confiance, le mot sauveur qu'elle prononcera
sera celui qui résume ses traditions et ses gloires, son
passé et son avenir : LÉGITIMITÉ. »

Après cette éloquente plaidoirie, M. le président résume le débat avec une parfaite lucidité, et une haute
impartialité.

Le jury rentre dans la salle de ses délibérations, et
en revient bientôt avec un verdict d'acquittement.

M. de Liniers reçoit les plus chaleureuses félicita-
tions : Mᵉ Coquebert est entouré de nombreux amis qui
veulent lui presser la main et lui témoigner l'expres-
sion de leur admiration sincère et de leurs vives sympathies.

Niort, imp. CONTE.